Virginie Michelin

Tu viens prendre l'apéro ?

Photographies de Guillaume Czerw

Stylisme de Virginie Michelin

Remerciements de Virginie Michelin

Un grand merci à **Ressource Marchand de Couleurs et Décoration**
pour les collections de peinture Robert Gervais et Philippe Model
grâce auxquelles nous avons réalisé les fonds de ce livre
(www.ressource-peinture.com)
Merci également à **Potiron** pour la vaisselle (www.potiron.com)

ISBN : 978-2-7540-2999-5
Dépôt légal : juin 2011
Imprimé en France par Pollina - L56841
Photos © Guillaume Czerw
Direction éditoriale : Aurélie Starckmann
Édition : Audrey Bernard
Conception graphique : Istria
Pictogramme © Pascale Etchecopar

Éditions First-Gründ
60, rue Mazarine
75006 Paris – France
e-mail : firstinfo@efirst.com
Site internet : www.editionsfirst.fr

Sommaire

Introduction

Nous prenons tous l'apéro, moment de convivialité et de partage, rituel cher à notre société !

Simple collation destinée à ouvrir l'appétit, il est parfois une véritable récréation gourmande que l'on appelle aujourd'hui apéritif dînatoire.

Sans pour autant laisser de côté le classique mais délicieux saucisson tranché ou les pistaches, voilà 50 recettes simples et peu coûteuses qui animeront vos débuts de soirée.

Pas besoin d'être un grand chef étoilé ni de passer 4 heures en cuisine pour régaler les papilles et les pupilles de vos convives.

On trouve aujourd'hui dans le commerce ce qui n'était jusqu'alors accessible qu'aux professionnels : du matériel de préparation et du matériel de présentation, même jetable...

Voici quelques conseils pour devenir un pro de l'apéro :

- Équipez-vous de quelques ustensiles qui se rendront vite indispensables pour cuisiner rapidement et de manière esthétique : une mandoline pour trancher fin, un coupe-légumes alligator pour réaliser des cubes réguliers de différentes tailles, une cuillère parisienne pour faire des billes, différents moules en silicone individuels, des emporte-pièces pour donner des formes et, si possible, un siphon, ce drôle d'appareil qui transforme tout en mousse sucrée ou salée.
- Utilisez votre créativité, l'originalité des formes donnera toujours un plus à vos préparations les plus simples.

- Variez les présentations : canapés, bouchées, cuillères, verrines, brochettes, ramequins individuels...
- Réduisez en miniature ce que vous faites bien en grand : votre super recette de curry en cocotte individuelle, la délicieuse omelette de mamie sera désormais cuite dans des moules à muffins, la soupe de maman en verrines...
- Pensez aux herbes, graines, épices, produits exotiques.
- Pour gagner du temps, utilisez les produits tout prêts du commerce : pâte feuilletée, caviars de légumes, sans oublier les produits surgelés tels que les fruits.
- Préparez la veille ce qui peut l'être de manière à profiter au maximum de vos invités. N'hésitez pas à déléguer si vous avez des enfants, ils adoreront participer à la réalisation de billes de fruits, de carrés de pâte feuilletée...
- Proposez à vos convives du chaud et du froid, mélangez le riche et le light, le solide et le liquide, l'épicé et le doux...
- Quant aux proportions, tout dépend du repas qui suivra et de la richesse des recettes... on peut aisément manger 5 brochettes de carpaccio, moins facilement 5 cœurs coulants au caramel !

Et, surtout, faites-vous confiance, mettez votre grain de sel dans chacune des recettes que je vous propose pour qu'elle vous ressemble... changez le pesto par du caviar d'aubergine, le lait de coco par du lait d'amande, le tandoori par du curry... les feuilletés carrés en feuilletés triangulaires, la soupe de mangue en soupe de billes de mangue...

Tchin !

Toasts aux poivrons rôtis

coût peu élevé • facile à réaliser • préparation : 15 min • cuisson 1 h • pour 4 personnes (16 toasts)

1 grand plat à gratin
1 fourchette
1 pinceau

1 petite baguette aux céréales ou un petit pain de campagne aux céréales
1 poivron jaune
1 poivron rouge
8 fines tranches de jambon de parme
huile d'olive
1 branche de basilic

1 Préchauffez le four à 180 °C (th. 6). Coupez les poivrons en 2, épépinez-les et ôtez les parties blanchâtres. Détaillez-les de manière à obtenir des bandes de 5 cm de large.

2 Étalez les bandes de poivrons (peau au-dessus) dans un plat à gratin et arrosez-les d'huile d'olive. Enfournez pour 1 heure environ puis sortez-les et détachez la peau délicatement à l'aide d'une fourchette.

3 Découpez dans la baguette 16 tranches fines d'environ 1/2 cm d'épaisseur, badigeonnez-les de l'huile du plat à gratin au pinceau. Coupez les tranches de jambon de parme en 2. Ciselez le basilic.

4 Déposez sur chaque toast un morceau de poivron rouge, un morceau de poivron jaune, le jambon de parme et un peu de basilic ciselé. Dégustez tiède ou froid.

variante

Faites rôtir des tomates coupées en 4 et arrosées d'huile d'olive au four pendant 2 h 30 à 3 heures à 100 °C (th. 3/4), retournez celles qui sèchent et saupoudrez d'1 pincée de sucre. Ajoutez un filet d'huile d'olive avant de placer sur les toasts.

truc de cuisinier

N'utilisez que des poivrons jaunes, rouges ou orange, car la saveur des verts est moins sucrée.
Vous pouvez faire rôtir vos légumes la veille : conservez-les au frais dans une boîte hermétique, avec de l'huile d'olive et 1 gousse d'ail.

Confit de légumes provençaux

coût peu élevé • facile à réaliser • préparation : 20 min • réfrigération : 1h • cuisson : 15 min • pour 4 personnes

1 poêle antiadhésive
1 casserole - 4 verrines
1 mixeur - 1 passoire

90 g de courgettes
40 g de poivron jaune
40 g de poivron rouge
40 g de poivron vert
25 g d'aubergine
2 c. à s. d'huile d'olive
50 g de pignons de pin
4 branches de basilic frais - sel - poivre du moulin

1 Lavez les légumes et coupez-les avec leur peau en cubes d'1/2 cm.

2 Dans une poêle bien chaude, versez un peu d'huile d'olive et faites cuire les courgettes pendant 3 minutes afin qu'elles soient encore un peu croquantes. Réservez dans une casserole. Faites cuire les 3 poivrons pendant 3 à 4 minutes puis ajoutez-les dans la casserole. Terminez par la cuisson des aubergines, que vous ajouterez au reste.

3 Essuyez la poêle, faites-la chauffer à sec puis versez les pignons de pin afin de les dorer. Ne quittez pas la poêle des yeux car ils colorent très vite. Ajoutez les pignons dorés au contenu de la casserole. Ciselez très finement quelques feuilles de basilic et ajoutez-les aux légumes.

4 Au moment de servir, réchauffez le confit dans la casserole avec un peu d'huile d'olive pendant 5 minutes. Assaisonnez à votre goût, versez dans des verrines et ajoutez quelques feuilles de basilic pour la décoration. Servez.

variante

Vous pouvez servir accompagné de chantilly de basilic : mixez 25 cl de crème liquide, les feuilles d'1 bouquet de basilic et une cuillerée à soupe d'huile d'olive. Filtrez dans une passoire fine et versez dans un siphon avec 2 cartouches de gaz. Placez au frais pendant 2 heures puis servez la chantilly sur les verrines de légumes.

truc de cuisinier

Équipez-vous d'un coupe-légumes alligator : cet appareil permet de couper rapidement les légumes en dés ou en bâtonnets de taille parfaitement régulière. Il existe différentes tailles de grille.

Palets d'omelette aux courgettes et aux oignons

coût peu élevé • facile à réaliser • préparation : 15 min • cuisson : 20 min • pour 4 personnes (16 palets)

1 moule à mini-
tartelettes en silicone
d'1 cm de profondeur

1 râpe

1 poêle

1 saladier

1 plat de présentation

4 œufs

50 g de fromage râpé

150 g d'oignons

150 g de courgettes

2 cuil. à soupe d'huile
d'olive

1 cuil. à soupe de lait

10 brins de ciboulette

1 Préchauffez le four à 180 °C (th. 6). Épluchez puis râpez les oignons et faites-les revenir dans une poêle avec l'huile d'olive jusqu'à ce qu'ils soient fondus et légèrement colorés.

2 Lavez et râpez les courgettes avec leur peau et ajoutez-les au contenu de la poêle en mélangeant bien. Faites cuire le tout à feu moyen pendant 10 minutes en remuant jusqu'à obtenir une pâte assez sèche. Laissez tiédir.

3 Dans un saladier, battez les œufs en omelette, ajoutez le lait, la ciboulette ciselée, le fromage râpé et enfin le mélange courgettes-oignons. Mélangez bien pour obtenir une préparation homogène.

4 À l'aide d'une cuillère à soupe, remplissez les moules à tartelettes et placez au four pour 10 minutes. Démoulez et servez les palets chauds, tièdes ou froids.

variante

Vous pouvez parfumer ce gâteau d'omelette avec des épices (curcuma, gingembre moulu ou poudre de curry épicé), et remplacer les courgettes par des champignons, la ciboulette par d'autres herbes, etc.

 truc de cuisinier

Remplissez les moules seulement à la moitié car les palets vont gonfler.
Vous pouvez également utiliser un moule à manqué ou à savarin et découper en parts apéritives une fois votre gâteau d'omelette démoulé, le temps de cuisson sera alors plus important.

Brochettes de carottes aux épices

coût peu élevé • facile à réaliser • préparation : 15 min • cuisson : 1 min • marinade : 1 h •
pour 4 personnes (12 brochettes)

1 mandoline - 1 casserole
papier absorbant
1 saladier
12 grandes piques
à brochettes

1 carotte jaune - 1 carotte
orange

2 c. à c. de cumin en poudre

1 c. à c. de graines de cumin

1 c. à s. d'huile d'olive

le jus d'1/2 citron

1 bouquet de coriandre

1/2 bouquet de persil plat

Lavez et épluchez les carottes. À l'aide d'une mandoline ou d'un épluche-légumes, taillez-les en tranches très fines dans le sens de la longueur pour en faire des lasagnes. Faites-les cuire 1 minute dans de l'eau bouillante juste pour les attendrir. Séchez-les avec du papier absorbant.

Effeuillez les herbes, hachez-les finement et versez-les dans un saladier avec l'huile d'olive, le jus de citron, les épices et les carottes. Mélangez délicatement avec vos doigts afin que les lasagnes de carotte soient bien enrobées. Laissez mariner au frais pendant 1 heure afin que les parfums se mélangent.

Enfilez ensuite en accordéon 1 lasagne jaune et 1 lasagne orange sur chaque brochette. Servez les brochettes arrosées de la marinade.

Brochettes de tomates cerise

coût peu élevé • facile à réaliser • préparation : 10 min • marinade : 35 min • pour 4 personnes
(12 brochettes)

1 bol
12 grandes piques
à brochettes

6 tomates cerise rouges

6 tomates cerise jaunes
ou orange

12 mini-boules de
mozzarella

1 bouquet de basilic

2 cuil. à soupe d'huile
d'olive

sel - poivre

Ciselez finement le basilic et déposez-le dans un bol avec l'huile d'olive. Assaisonnez à votre goût. Plongez les boules de mozzarella dans ce mélange et laissez mariner 35 minutes au frais.

Pendant ce temps, lavez les tomates et coupez-les en 2.

Enfilez sur chaque brochette 1 demi-tomate cerise jaune, 1 boule de mozzarella au basilic et 1 demi-tomate cerise rouge. Servez.

Panisses de Nice

coût peu élevé • facile à réaliser • préparation : 30 min • réfrigération : 4 h • cuisson : 27 min •
pour 4 personnes

1 saladier

1 casserole

1 poêle antiadhésive

1 plat ou 1 moule
d'environ 18 x 13 cm

film alimentaire

1 fouet

1 verre doseur

papier absorbant

125 g de farine de pois
chiches

15 g de beurre

huile d'olive

1 cuil. à soupe d'herbes
de Provence

fleur de sel

poivre du moulin

Pour la sauce :

herbes fraîches ciselées
(ciboulette, cerfeuil,
estragon)

1 yaourt type Fjord®
ou brebis

1 Dans un saladier rempli de
farine de pois chiches, versez très
doucement et sans cesser de
fouetter 25 cl d'eau froide jusqu'à
obtention d'un mélange très
homogène. Dans une casserole,
portez à ébullition 25 cl d'eau avec
le beurre et un filet d'huile d'olive.
Quand l'eau bout, versez dessus
la farine diluée et laissez cuire
à feu doux pendant 20 minutes
en remuant très régulièrement.

2 Ajoutez alors les herbes de
Provence. Huilez votre moule,
versez-y la pâte (sur à peu près
1,5 cm d'épaisseur) en la tassant
bien de manière à ce que le dessus
soit lisse et régulier. Recouvrez
d'un film étirable et réfrigérez pour
4 heures minimum.

3 Démoulez la pâte et, à l'aide d'un
couteau, réalisez de grosses frites
dedans. Déposez-les sur un papier
absorbant afin d'enlever le surplus
de gras. Faites chauffer 2 cuillerées à
soupe d'huile d'olive dans une poêle
antiadhésive et faites cuire vos
panisses jusqu'à ce qu'elles soient
bien dorées et croustillantes sur
chaque face (environ 7 minutes).

4 Épongez-les à nouveau, salez
et poivrez généreusement.
Servez les panisses très chaudes
accompagnées d'une petite sauce
que vous réaliserez en mélangeant
un yaourt de brebis à des herbes
fraîches ciselées.

variante

Mettez de la cive ou de la ciboule dans votre pâte et des oignons nouveaux, tiges
comprises, dans votre sauce.

 truc de cuisinier

Préparez la pâte à panisses la veille, la préparation sera alors plus ferme, et donc plus facile à poêler.

Bouchées à la basquaise

coût moyen • facile à réaliser • préparation : 15 min • pour 4 personnes (12 bouchées)

1 assiette
12 cure-dents

80 g de fromage de
brebis type ossau-iraty

50 g de foie gras
(ou 2 belles tranches
d'1 cm d'épaisseur)

90 g de magret de
canard fumé et tranché

6 cerises bien charnues

confiture de cerises
noires

piment d'Espelette
en poudre

1 Lavez les cerises et coupez-les en 2 afin d'enlever le noyau. Découpez 12 cubes de fromage d'environ 1 cm d'épaisseur. Superposez 3 tranches de magret et taillez-les de manière à obtenir des cubes de la même taille que le fromage. Découpez également le foie gras en cubes.

2 Dans une assiette, déposez 1 cuillerée à café de piment d'Espelette et panez les cubes de fromage sur une seule face (sinon cela serait trop fort).

3 Sur 1 cure-dent, piquez 1 cube de fromage, 1 cube de magret, 1 cube de foie gras, et terminez par 1 demi-cerise.

4 Servez ces bouchées accompagnées d'un peu de confiture de cerises noires, qui adoucira le feu du piment.

variante
Si vous n'aimez pas le piment, badigeonnez simplement vos cubes de fromage de confiture de cerises noires.

 truc de cuisinier
Pour gagner du temps, achetez le foie gras et le fromage « à la coupe » afin que le vendeur coupe vos ingrédients à la bonne épaisseur.

Mille-feuilles de courgette grillée à la feta

coût peu élevé • facile à réaliser • préparation : 15 min • cuisson : 10 min • pour 4 personnes

1 gril en fonte
1 pinceau
1 plat creux
piques à brochettes
moyennes

1 petite courgette
(maximum 200 g)

30 g de feta

huile d'olive

4 branches de menthe
fraîche

1 Dans un plat creux, émiettez la feta du bout des doigts. Ciselez la menthe finement et ajoutez-la à la feta. Mélangez bien. Lavez la courgette. Détaillez-la en rondelles très fines en conservant la peau.

2 À l'aide d'un pinceau, huilez le gril en fonte et faites-le chauffer à feu vif. Placez les rondelles de courgettes et faites-les griller jusqu'à ce que chaque face soit bien dorée et porte la marque du gril. Comptez 1 minute pour chaque face, les courgettes doivent rester « al dente ». Renouvelez l'opération, sans oublier de graisser le gril à chaque fois.

3 Quand toutes les rondelles de courgettes sont grillées, mélangez-les délicatement à la feta et à la menthe de manière qu'elles soient bien toutes enrobées.

4 Prélevez 4 rondelles, enfilez-les sur 1 pique à brochette. Continuez jusqu'à épuisement des ingrédients. Servez tiède ou froid, décorez de feuilles de menthe.

variante

Cette recette est délicieuse avec tous les légumes grillés : poivron rouge ou jaune, aubergine, etc. Vous pouvez remplacer la feta par 1 demi-boule de mozzarella macérée dans de l'huile d'olive au basilic.

truc de cuisinier

Choisissez de petites courgettes, leur taille est idéale pour des bouchées apéritives.
Si vous n'avez pas de gril en fonte, utilisez votre four et, l'été, votre barbecue.

Champignons farcis

coût peu élevé • facile à réaliser • préparation : 15 min • cuisson 10 min • pour 4 personnes (16 bouchées)

1 cuillère parisienne
1 pinceau
1 bol

16 petits champignons de Paris bien blancs et fermes

80 g de ricotta

35 g de tomates séchées à l'huile d'olive

Préchauffez le four à 180 °C (th. 6).
Coupez les pieds des champignons au ras du chapeau et gardez les chapeaux. Épluchez-les délicatement avec la pointe de votre couteau puis évidez-les avec une cuillère parisienne ou, à défaut, avec une toute petite cuillère en veillant à ne pas les percer.

Découpez en tout petits morceaux les tomates séchées à peine égouttées. Déposez-les dans un bol, ajoutez la ricotta et mélangez. Farcissez les chapeaux des champignons de cette préparation, badigeonnez-les avec l'huile des tomates séchées et enfournez pour 10 minutes. Servez aussitôt.

Biscuits aux tomates séchées

coût peu élevé • facile à réaliser • préparation : 10 min • réfrigération : 30 min • cuisson : 7 min • pour 4 personnes (24 mini-sablés)

1 mixeur
papier cuisson
film alimentaire

25 g de tomates séchées

30 g de beurre

25 g de parmesan

40 g de farine

1 cuil. à soupe de romarin ciselé très finement

Préchauffez le four à 180 °C (th. 6) et chemisez la plaque du four de papier cuisson.

Mixez tous les ingrédients de manière à obtenir une pâte. Réalisez un boudin que vous enroulerez dans du film alimentaire bien serré, et réservez au frais pendant 30 minutes minimum.

Enlevez le film plastique et découpez 24 tranches d'1/2 cm d'épaisseur. Enfournez les biscuits pour 7 minutes.

Acras de morue

coût peu élevé • facile à réaliser • préparation : 30 min • repos : 30 min • cuisson : 2 min • pour 4 personnes

3 casseroles
1 passoire
1 mixeur
1 cuillère
1 écumoire
papier absorbant
petits pics à brochettes

200 g de morue salée
2 tiges d'oignons frais
1/2 bouquet de persil plat
2 gousses d'ail dégermées
100 g de farine
1 œuf
3 cuil. à soupe de lait
20 g de levure de boulanger
le jus d'1/2 citron vert
1/2 cm de piment lanterne antillais
50 cl d'huile de friture

1 Faites pocher la morue dans une casserole d'eau bouillante pendant 5 minutes, égouttez-la dans une passoire et rincez-la à l'eau claire. Renouvelez cette opération 3 fois en changeant l'eau. Retirez ensuite la peau et les arêtes puis émiettez-la.

2 Dans une petite casserole, faites chauffer le lait à feu très doux et ajoutez la levure. Effeuillez le persil, coupez l'oignon frais et ses tiges vertes en petits morceaux, hachez l'ail et le morceau de piment. Versez dans le bol d'un mixeur en ajoutant le lait tiède, la farine, l'œuf, la morue émiettée et le jus de citron vert.

Mixez jusqu'à obtention d'une pâte molle, que vous laisserez reposer 30 minutes à température ambiante.

3 Dans une grande casserole, faites chauffer l'huile de friture. À l'aide d'une cuillère, prélevez des noix de pâte et faites-les frire pendant 2 minutes jusqu'à ce qu'elles soient bien dorées.

4 Sortez les acras à l'aide d'une écumoire et égouttez-les sur du papier absorbant pour retirer l'excédent de graisse. Servez aussitôt.

variante

Vous pouvez remplacer les oignons frais par de la cive (variété d'oignon blanc avec des tiges au goût plus prononcé que la ciboulette), comme aux Antilles, et ajouter du thym.

 truc de cuisinier

Dessalez la morue la veille en la plongeant dans un saladier d'eau froide et en renouvelant l'eau 3 fois, ou achetez de la morue surgelée pour éviter de dessalage.

Brochettes de pétoncles à l'orange

coût moyen • facile à réaliser • préparation : 15 min • cuisson : 2 min • pour 4 personnes (8 brochettes)

1 presse-agrumes
1 zesteur
1 casserole
1 poêle antiadhésive
1 passoire
1 assiette creuse
8 petites brochettes en bois (ou 8 cure-dents)

16 pétoncles
1 citron non traité
12,5 cl de jus d'orange
20 g de sucre

1 Récupérez le zeste de la moitié du citron. Pressez le citron pour obtenir 1 cuillerée à soupe de jus.

2 Dans une casserole, faites réduire le jus d'orange, le jus de citron et son zeste avec le sucre jusqu'à obtention d'un sirop. Filtrez à l'aide d'une passoire et réservez dans une assiette creuse.

3 Piquez 2 pétoncles par brochettes. Dans une poêle à revêtement antiadhésif bien chaude, saisissez vos brochettes de pétoncles 1 minute maximum sur chaque face.

4 Déposez les brochettes dans le sirop encore chaud et servez immédiatement.

variante

Vous pouvez aussi faire mariner vos brochettes dans le jus d'orange citronné pendant 2 heures au réfrigérateur. Faites ensuite réduire la marinade comme indiqué dans la recette et servez ce tartare froid. N'hésitez pas à mélanger les jus d'agrumes : pamplemousse rose, orange sanguine, clémentine, citron vert...

truc de cuisinier

Vous pouvez utiliser des pétoncles ou de petites noix de Saint-Jacques surgelées. Rincez-les à l'eau froide et piquez-les encore congelées. Les saint-jacques cuisent encore plus vite quand elles sont petites. Vous pouvez les cuire de différentes manières, en papillote, à la vapeur, au four et même dans une marinade citronnée.

Rillettes océanes

coût peu élevé • facile à réaliser • préparation : 10 min • pour 4 personnes

1 mixeur
1 bol
1 plat

75 g de Saint-Môret®

50 g de saumon fumé

50 g d'émincé
de saumon mariné
à l'aneth

2 branches d'aneth

blinis

1 citron vert (facultatif)

1 Mixez le saumon fumé avec le Saint-Môret® jusqu'à obtention d'une mousse bien lisse et rose. Réservez dans un bol.

2 Hachez grossièrement le saumon mariné de manière à obtenir de petits morceaux comme pour un tartare et ajoutez-les au contenu du bol.

3 Ciselez finement l'aneth puis mélangez le tout délicatement. Réservez 15 minutes au frais.

4 Servez ces rillettes accompagnées des blinis tièdes et de quartiers de citron vert.

variante

Cette recette est également délicieuse en mixant avec le fromage du saumon frais poché : vous obtenez ainsi des rillettes aux deux saumons.
Vous pouvez aussi remplacer l'émincé de saumon mariné à l'aneth par des œufs de poisson.

 truc de cuisinier

Si vous souhaitez une consistance moins épaisse, détendez la mixture avec du jus de citron.

Conchiglioni farcies

coût moyen • facile à réaliser • préparation : 10 min • cuisson : 10 min • pour 4 personnes
(8 grosses bouchées)

1 casserole - 1 plat creux
film alimentaire - 1 pinceau

8 conchiglioni (grosses pâtes)

200 g d'écrevisses
décortiquées (ou petites
gambas bio de Madagascar)

200 g de cottage cheese

1/2 botte de cive (ou à défaut
2 petits oignons nouveaux,
tiges vertes comprises)

1/2 cube de bouillon (type Kub
Or®) - le jus d'1/2 citron - sel -
poivre - 5 brins de ciboulette -
huile d'olive

Faites cuire les pâtes le temps indiqué sur le paquet, dans de l'eau bouillante
additionnée du bouillon : elles doivent être *al dente*.

Égouttez les conchiglioni et réservez-les dans un plat creux en graissant leur
surface extérieure avec un peu d'huile d'olive.

Découpez les écrevisses en petits morceaux, ciselez la ciboulette, émincez la
cive et mélangez le tout avec le cottage cheese additionné de jus de citron.

Goûtez, assaisonnez à votre goût et farcissez les grosses pâtes de ce mélange.
Servez bien frais.

Chips de crevettes grises au wasabi

coût peu élevé • facile à réaliser • préparation : 10 min • pour 4 personnes (8 chips)

1 siphon et 1 cartouche
(facultatif) - 1 plat de
présentation

8 chips de crevettes bien
creuses - 100 g de crevettes
grises décortiquées

20 g de lamelles de
gingembre mariné

le jus d'1/2 citron vert -
4 branches de coriandre

Pour la chantilly de wasabi :

1 soupçon de wasabi en pâte
ou en poudre (1/4 de c. à c.)

10 cl de crème liquide (si
siphon) ou épaisse

Mélangez la crème liquide très froide avec le wasabi (goûtez pour rectifier la
dose), versez dans le siphon, insérez une cartouche et réservez au frais. Si vous
n'avez pas de siphon, mélangez la crème épaisse avec le wasabi.

Ciselez la coriandre et mélangez-la aux crevettes avec le jus de citron.

Au moment de servir, déposez un peu de chantilly (ou crème) au wasabi au
fond des chips, recouvrez de crevettes marinées et d'1 lamelle de gingembre.
Servez immédiatement.

Verrines aux deux raisins

coût peu élevé • facile à réaliser • préparation : 15 min • cuisson : 10 min • pour 4 personnes

1 casserole

1 saladier

4 verrines (ou bols)

8 raisins verts

1 poignée de raisins secs

2 figues séchées

1/2 pomme granny-smith

1/2 banane

40 g de comté bien fruité

60 g de blé

8 noisettes

1 cuil. à soupe de graines pour salade (courge, tournesol)

le jus d'1/2 citron

sel - poivre

1 Faites cuire le blé comme indiqué sur le paquet, égouttez-le et versez-le dans un saladier. Ajoutez les graines de courge, de tournesol, les raisins secs et les noisettes coupées en 2.

2 Épluchez la pomme, détaillez-la en petits dés, coupez la demi-banane en tranches fines et citronnez légèrement le tout afin d'éviter que ces fruits ne noircissent. Ajoutez-les dans le saladier.

3 Lavez les grains de raisins, coupez-les en 2. Taillez le fromage en mini-cubes, les figues en tranches fines et versez le tout dans le saladier.

4 Assaisonnez à votre goût avec votre vinaigrette habituelle. Mélangez bien et présentez dans des verres ou dans des bols.

variante

Réalisez une vinaigrette à base de vinaigre de framboise et d'huile de pépins de raisin.

 truc de cuisinier

Utilisez du blé « cuisson rapide » vendu en sachets dans le commerce.

Soupe pomme-concombre glacée acidulée

coût peu élevé • facile à réaliser • préparation : 5 min • pour 4 personnes

1 économe
1 mixeur blender
4 verrines

100 g de concombre

1 pomme du Limousin
(ou granny-smith)

10 cuil. à soupe de lait
fermenté ou 1 yaourt
velouté

1 échalote - 1 cuil. à soupe
d'huile d'olive

2 glaçons - 1 goutte de
Tabasco® (facultatif)

Épluchez la pomme, coupez-la en quartiers et ôtez son trognon.

Épluchez le concombre et épépinez-le. Épluchez puis émincez l'échalote. Versez tous les ingrédients dans votre blender et mixez jusqu'à obtention d'une soupe bien lisse.

Ajoutez les glaçons et, pour plus de piquant, le tabasco. Mixez à nouveau et servez immédiatement dans des verrines.

Velouté de potiron au lait de coco

coût peu élevé • facile à réaliser • préparation : 10 min • cuisson : 30 min • pour 4 personnes

1 casserole
1 mixeur blender
4 verrines

500 g de potiron

10 cl de lait de coco

1 cuil. à café de curcuma

fleur de sel

poivre du moulin

quelques copeaux de
noix de coco ou feuilles
de coriandre (facultatif)

Pelez le potiron, ôtez les graines et coupez la chair en morceaux. Déposez les morceaux de potiron dans une casserole et couvrez d'eau à hauteur. Faites cuire à feu moyen pendant 30 minutes environ.

Mixez ensuite le tout de manière à obtenir un velouté bien lisse. Ajoutez le lait de coco, puis le curcuma, du sel et du poivre. Goûtez et rectifiez l'assaisonnement.

Servez bien chaud dans des verrines et décorez par exemple avec des copeaux de noix de coco ou des feuilles de coriandre.

Picorettes de chèvre frais

coût peu élevé • facile à réaliser • préparation : 10 min • pour 4 personnes (12 bouchées)

1 râpe

3 assiettes

1 fourchette

1 saladier

cure-dents

1 fromage frais de chèvre type Petit Billy®

6 grains de raisins blancs ou noirs

4 radis roses

3 cuil. à soupe de graines de pavot

3 cuil. à soupe de graines pour salade (tournesol et courge)

fleur de sel

poivre

1 Lavez et râpez les radis, déposez-les sur une première assiette. Versez les graines de pavot sur une deuxième assiette, et le mélange de graines sur une troisième.

2 Lavez les raisins et coupez-les en 2. Dans un saladier, écrasez le fromage à l'aide d'une fourchette et assaisonnez-le de fleur de sel et de poivre.

3 Prenez 1 demi-raisin, prélevez un peu de fromage et, au creux de votre paume, faites un mouvement circulaire de manière à enrober complètement le raisin avec le chèvre. Vous obtiendrez ainsi une boulette. Renouvelez l'opération pour réaliser 12 boulettes.

4 Roulez 4 boulettes dans les 3 différentes assiettes afin de les enrober complètement. Placez-les au frais jusqu'à l'arrivée des invités, et piquez-les d'un cure-dent.

variante

Les variantes sont nombreuses avec un peu d'imagination. Si vous n'aimez pas les raisins, remplacez-les par des morceaux de radis ou des demi-tomates cerise. Vous pouvez aussi ne rien mettre. Vous pouvez parfumer votre fromage frais avec de l'ail, du curry en poudre ou d'autres épices.
Pour l'enrobage vous pouvez varier : pignons de pin, noisettes ou pistaches hachées, herbes fraîches ciselées… soyez créatifs !

truc de cuisinier

Il est plus facile de former les boulettes avec les mains humectées d'eau froide ou, mieux encore, à l'aide d'un gant en plastique très fin.

Brochettes de carpaccio

coût moyen • facile à réaliser • préparation : 15 min • pour 4 personnes (12 brochettes)

1 économe
1 grand plat
1 assiette creuse
12 longues piques à brochettes en bois
film alimentaire

12 tranches de carpaccio de bœuf

20 g de parmesan

6 tout petits champignons de Paris

1 cuil. à soupe d'huile d'olive

le jus d'1 citron

1 branche de basilic

poivre du moulin

1 Ciselez les feuilles de basilic. Réalisez de fins copeaux de parmesan avec l'économe. Étalez sur un grand plat vos tranches de carpaccio. Répartissez dessus l'huile d'olive, la moitié du jus de citron, les copeaux de parmesan et le basilic ciselé. Laissez mariner.

2 Lavez et essuyez les champignons, coupez la queue, coupez-les en 2 et citronnez-les immédiatement pour qu'ils ne noircissent pas.

3 Enroulez autour de chaque brochette 1 tranche de carpaccio contenant de la marinade de parmesan. Piquez 1 morceau de champignon à l'extrémité de la brochette. Renouvelez l'opération jusqu'à épuisement des ingrédients.

4 Placez les brochettes dans une jolie assiette creuse et versez dessus le reste de la marinade. Recouvrez d'un film alimentaire et placez au frais. Au moment de servir, ajoutez quelques feuilles de basilic et un tour de moulin à poivre.

variante
Vous pouvez aussi remplacer cette marinade traditionnelle par une très fine couche de pesto rouge que vous trouvez en petit bocal en grande surface.

 truc de cuisinier
Veillez à ce que la viande ne monte pas sur plus de 2 cm sur la brochette, car il serait assez inconfortable de la manger. Si les tranches de carpaccio sont trop grandes, coupez-les en 2, cela vous fera quelques brochettes supplémentaires.

Bouchées landaises

coût moyen • facile à réaliser • préparation : 35 min • cuisson : 30 min • pour 4 personnes
(16 bouchées)

1 casserole
1 poêle
1 cuillère parisienne
1 plat à four

8 petites pommes
de terre à chair ferme
(type pompadour)

1 cuisse de canard
confite du Sud-Ouest

20 g de carottes râpées

sel

1 Lavez les pommes de terre et brossez-les. Plongez-les dans une casserole d'eau froide salée, faites chauffer et laissez cuire pendant 25 à 30 minutes environ. Piquez-les avec la pointe d'un couteau pour vérifier la cuisson.

2 Essuyez les pommes de terre et coupez-les en 2 dans le sens de la longueur. À l'aide d'une cuillère parisienne, creusez délicatement l'intérieur de chaque pomme de terre de manière à pouvoir la farcir. Réservez la chair.

3 Réchauffez la cuisse de canard dans une poêle et effilochez sa chair du bout des doigts. Ajoutez les carottes râpées, la chair des pommes de terre et mélangez soigneusement pour que la graisse de canard enrobe bien les ingrédients.

4 Farcissez les pommes de terre de ce mélange et placez-les dans un plat allant au four. Au moment de servir, faites réchauffer 3 minutes sous le gril. Dégustez tièdes.

variante

Vous pouvez aussi ajouter à la dernière minute, à la sortie du four, des cubes de foie gras sur les pommes de terre.

 truc de cuisinier

Pour cette bouchée apéritive, choisissez de petites pommes de terre faciles à creuser. Si vous percez la pomme de terre en la creusant, faites-la cuire un peu plus longtemps.

Roulades de volaille tandoori

coût peu élevé • facile à réaliser • préparation : 10 min • marinade : 2 h • cuisson : 20 min • pour 4 personnes

1 casserole
1 plat creux
ficelle de cuisine
papier sulfurisé

1 escalope de volaille de 130 g

30 g de pâte tandoori ou 1 c. à s. d'épices en poudre

10 cl de lait de coco

le jus d'1/2 citron

4 tiges de coriandre

Déposez votre escalope de volaille sur une planche de travail, couvrez-la d'une feuille de papier sulfurisé et, à l'aide d'un maillet (ou d'une casserole), tapez énergiquement dessus afin qu'elle devienne extrafine.
Tartinez ensuite l'escalope de pâte tandoori puis roulez-la bien serré sur elle-même en vous aidant de ficelle de cuisine : formez un boudin attaché à trois endroits.

Dans un plat creux, versez le lait de coco, le jus de citron et le reste de pâte tandoori. Déposez la roulade de volaille dans la marinade et placez au frais au moins 2 heures.

Préchauffez le four à 180 °C (th. 6). Transvasez la roulade et sa marinade dans une papillote confectionnée avec du papier sulfurisé et enfournez pour 20 minutes. Panez ensuite la roulade dans des feuilles de coriandre ciselées et coupez-la en tranches fines. Servez tiède ou froid.

Salade rafraîchissante de mangue

coût peu élevé • facile à réaliser • préparation : 10 min • marinade : 2h • pour 4 personnes

1 saladier
4 verrines

1 mangue ferme

2 rondelles d'oignon rose

1 échalote

le jus d'1 citron

1 cuil. à soupe d'huile d'olive (ou de tournesol)

4 branches de coriandre

1 pincée de piment (facultatif)

Ciselez très finement l'échalote, l'oignon rose et les feuilles de coriandre. Épluchez la mangue et découpez la chair en petits dés.

Versez le tout dans un saladier puis arrosez de jus de citron et d'huile. Pimentez à votre goût et laissez mariner au frais au moins 2 heures pour que les parfums se mélangent.

Servez dans de jolies verrines individuelles. Cette salade très rafraîchissante se marie bien avec un plat épicé.

Mini-madeleines aux lardons

coût peu élevé • facile à réaliser • préparation : 10 min • cuisson : 10 min • pour 4 personnes
(30 mini-madeleines)

1 poêle antiadhésive

1 spatule

1 saladier

1 fouet

1 cuillère à café

1 moule à mini-
madeleines en silicone

50 g d'allumettes
de lardons fumés

70 g de farine

1/2 sachet de levure
chimique

2 cuil. à soupe de lait

1 œuf

30 g de Vache qui rit®

20 g de beurre fondu

2 cuil. à soupe d'huile
d'olive

1 Préchauffez le four à 200 °C (th. 7). Faites revenir les lardons dans une poêle à revêtement antiadhésif jusqu'à ce qu'ils soient colorés. Ajoutez alors le fromage de manière à ce qu'il fonde légèrement, et surtout qu'il s'enrobe de tous les sucs de cuisson.

2 Dans un saladier, mélangez le beurre fondu, l'œuf, la farine, la levure, le lait et fouettez énergiquement jusqu'à obtention d'une pâte homogène. Ajoutez alors le contenu de la poêle et remuez à nouveau.

3 À l'aide d'une cuillère à café, garnissez le moule à mini-madeleines et enfournez pour 10 minutes.

4 Démoulez les madeleines et présentez-les dans un joli plat. Servez-les tièdes ou froides.

variante
Vous pouvez parfumer votre pâte avec un peu de muscade ou de thym.

 truc de cuisinier

Dès que les madeleines colorent, sortez-les du four : trop dorées elles deviendraient sèches.

Croque-dog

coût peu élevé • facile à réaliser • préparation : 10 min • cuisson : 10 min • pour 4 personnes
(8 croques)

1 bol
1 casserole
cure-dents
papier absorbant

16 tranches rondes
de pain de mie

4 saucisses
de Strasbourg

8 mini-saucisses
(ou saucisses rondes)

130 g de fromage râpé

70 g de beurre mou

30 g de moutarde forte
de Dijon

1 Préchauffez le four sur la position gril. Portez de l'eau à ébullition dans une casserole. Dès qu'elle bout, retirez la casserole du feu et plongez-y toutes les saucisses. Laissez-les gonfler 5 minutes puis égouttez-les sur du papier absorbant.

2 Dans un bol, mélangez le beurre mou avec la moutarde. Tartinez-en généreusement 8 toasts. Recouvrez d'un peu de fromage râpé. Coupez les saucisses de Strasbourg en 2 dans la longueur puis dans l'épaisseur.

3 Placez 2 quarts de saucisse sur un toast au fromage, couvrez avec un soupçon de fromage et recouvrez le tout d'un toast de pain non beurré. Renouvelez l'opération pour réaliser au total 8 croque-dog. Déposez une couche de fromage sur le dessus des croques et passez-les sous le gril de votre four pendant 5 minutes environ.

4 Quand le fromage a bien fondu et commence à colorer, sortez les croques du four. Piquez-les d'un cure-dent et d'1 mini-saucisse. Servez immédiatement.

variante

Vous pouvez aussi opter pour d'autres variétés de saucisses, comme les petites anglaises à griller. Vous pouvez utiliser de la moutarde en grains à l'ancienne ou de la Savora®.

 truc de cuisinier

Laissez les mini-saucisses dans l'eau chaude jusqu'à ce que vos croques soient prêts.

Bouchées de chèvre à la pistache

coût peu élevé • facile à réaliser • préparation : 10 min • cuisson : 20 min • pour 4 personnes
(4 bouchées)

papier sulfurisé
2 assiettes
1 plat à four
piques en bois
(ou cure-dents)

4 mini-bûches de
chèvre (à température
ambiante)

20 g de pistaches

2 cuil. à soupe de miel
liquide

1 pelote de pâte à kadaïf
(ou à défaut 1 feuille de
brick)

1 Préchauffez le four à 180 °C (th. 6).

2 Hachez grossièrement les pistaches
et déposez-les sur une assiette.
Sur une seconde assiette, déposez
le miel liquide.

3 Roulez successivement chaque
bûchette de chèvre dans le miel
jusqu'à ce qu'elles soient enrobées
de manière homogène, puis
panez-les dans les pistaches.

4 Prélevez quelques fils de kadaïf
dans la pelote et entourez-en
chaque fromage pané. Enfournez
pour 20 minutes puis servez bien
chaud avec des piques en bois.

variante
Vous pouvez remplacer les pistaches par des pignons de pin ou des noisettes
concassées, et les fromages de chèvre par des mini-camemberts.

truc de cuisinier
La pâte à kadaïf se trouve en épicerie orientale. Si vous n'en trouvez pas, découpez de fines bandes dans 1 feuille de
brick et enroulez-les délicatement.

Chips de fromage express

coût peu élevé • facile à réaliser • préparation : 10 min • cuisson : 2 min • pour 4 personnes (16 chips)

papier cuisson
1 râpe - 1 balance
papier absorbant
1 spatule plate

40 g de parmesan
40 g de mimolette

Préchauffez le four à 220 °C (th. 7/8). Placez une feuille de papier cuisson sur la plaque de votre four.

Râpez les fromages, comptez environ 5 g de parmesan par chips, et déposez délicatement les morceaux avec vos doigts en couche très fine pour former 8 chips.

Enfournez pour 1 minute. Décollez les chips à l'aide d'une spatule et déposez-les sur du papier absorbant. Renouvelez l'opération avec la mimolette.
Vous pouvez conserver les chips restantes dans une boîte métallique et les servir ultérieurement avec une salade verte.

Palmiers aux deux pestos

coût peu élevé • facile à réaliser • préparation : 5 min • congélation : 15 min • cuisson : 8 min • pour une vingtaine de palmiers

film alimentaire
papier cuisson
1 pinceau
film alimentaire

1 rouleau de pâte feuilletée
35 g de pesto vert
35 g de pesto rouge
1 jaune d'œuf

Déroulez le rouleau de pâte feuilletée. Étalez le pesto rouge sur la moitié de la pâte et le pesto vert sur l'autre moitié. Enroulez les 2 extrémités de la pâte de manière à obtenir 2 rouleaux qui se rejoignent. Roulez le tout bien serré à l'aide de film alimentaire. Placez au congélateur pour 15 minutes afin d'avoir un boudin plus facile à trancher.
Préchauffez le four à 180 °C (th. 6).

Sortez le rouleau du congélateur, enlevez le film plastique et enduisez uniformément le rouleau de jaune d'œuf battu. Coupez-le en tranches très fines (environ 1/2 cm), que vous placerez sur la feuille de papier cuisson fournie avec votre pâte.

Enfournez pour 8 minutes jusqu'à ce que vos palmiers soient bien gonflés et dorés. Servez immédiatement.

Boulettes au persil du Cap

coût peu élevé • facile à réaliser • préparation : 10 min • cuisson : 5 min • réfrigération : 1 h •
pour 4 personnes

1 mixeur
1 poêle antiadhésive
1 assiette
1 saladier
pics à brochettes

3 œufs durs
250 g d'oignons hachés
220 g de noix de cajou
1 bouquet de persil plat
huile d'olive
sel - poivre
piment de Cayenne

1 Épluchez puis coupez les oignons en rondelles. Faites-les blondir dans une poêle antiadhésive avec un filet d'huile d'olive jusqu'à ce qu'ils fondent et colorent un peu.

2 Mixez grossièrement les noix de cajou de manière à ce qu'il reste des petits morceaux. Réservez-en 2 cuillerées à soupe dans une assiette et versez le reste dans un saladier. Mixez ensemble très finement les oignons et les œufs durs puis déposez dans le saladier. Assaisonnez, mélangez bien puis placez au réfrigérateur pour 1 heure.

3 Au bout de ce temps, ciselez finement le persil plat et mélangez-le avec les noix de cajou réservées sur l'assiette.

4 Prélevez un peu de votre préparation et formez, au creux de votre paume, des boulettes de la taille d'une petite noix. Renouvelez l'opération jusqu'à épuisement des ingrédients. Roulez ensuite les boulettes dans le mélange persil et noix de cajou et servez-les avec des pics.

variante

Cette recette est originaire d'Afrique du Sud. Vous pouvez remplacer les noix de cajou par des pignons de pin, le persil par du basilic, et les oignons par des légumes confits, des tomates séchées ou des poivrons.

truc de cuisinier

Il est indispensable de laisser la préparation durcir au réfrigérateur pour pouvoir réaliser les boulettes, sinon la pâte serait trop molle. Vous pouvez préparer cette recette la veille.

Cake au roquefort et à la poire

coût peu élevé • facile à réaliser • préparation : 20 min • cuisson : 50 min • pour 4 personnes

1 poêle - 1 saladier
1 petit moule à cake
1 fouet - cure-dents

75 g de roquefort
1 belle poire mûre
50 g de fromage râpé
50 g d'allumettes
de lardons fumés
25 g de noix
75 g de farine
2 petits œufs
1/2 sachet de levure
5 cl d'huile
5 cl de lait

Préchauffez le four à 180 °C (th. 6).

Épluchez la poire et coupez-la en petits cubes. Dans une poêle bien chaude, faites revenir les lardons fumés pendant 5 minutes, ajoutez les cubes de poire et poursuivez la cuisson pendant 5 minutes.

Dans un saladier, fouettez énergiquement la farine, la levure, les œufs, l'huile et le lait jusqu'à obtention d'une pâte sans grumeaux. Ajoutez le fromage râpé, le contenu de la poêle, le roquefort émietté et les noix concassées.

Mettez cette pâte dans le moule et enfournez pour 40 minutes. Servez en tranches ou en cubes avec des cure-dents.

Feuilletés de chèvre au lard fumé

coût peu élevé • facile à réaliser • préparation : 10 min • cuisson : 15 min • pour 4 personnes
(8 feuilletés)

1 pinceau
papier cuisson
1 verre ou 1 emporte-
pièce

1 pâte feuilletée
8 petits chèvres frais
au lard (Soignon®)
1 jaune d'œuf
1 cuil. à soupe de graines
de pavot

Préchauffez le four à 180 °C (th. 6).

Déroulez la pâte feuilletée. À l'aide d'un verre retourné ou d'un emporte-pièce, découpez 8 disques d'une taille supérieure à celle des chèvres. Vous pouvez aussi découper des carrés ou losanges à l'aide d'un couteau.

Badigeonnez chaque disque de jaune d'œuf battu au pinceau, saupoudrez de graines de pavot et placez 1 chèvre au lard au centre.

Farandole de sauces et dips, crudités

coût peu élevé • facile à réaliser • préparation : 10 min • pour 4 personnes

1 passoire - 1 mixeur
1 bol - 3 ramequins
1 économe

légumes frais (8 radis, 1/2 concombre, 8 tomates cerises, 1 carotte)

Pour la sauce maïs :
1 boîte de maïs (285 g égoutté) - 1 c. à s. de ricotta

Pour la sauce betterave :
125 g de betterave cuite

60 g de ricotta

1 c. à s. de fromage blanc type Fjord® - 1 c. à s. de vinaigre de framboise

Tabasco®

Pour la sauce oignon :
1 sachet de soupe à l'oignon gratinée déshydratée

1 fromage blanc type Perle de Lait® ou Fjord®

1 Préparez la sauce maïs : égouttez le maïs, mixez-le finement avec 1 grosse cuillerée à soupe de ricotta, filtrez le tout dans une passoire en grattant à l'aide d'une cuillère à soupe et placez au frais dans un ramequin.

2 Préparez la sauce betterave : mixez la betterave avec 60 g de ricotta et 1 cuillerée à soupe de fromage blanc. Ajoutez 1 cuillerée à soupe de vinaigre de framboise, un soupçon de Tabasco® et placez au frais dans un ramequin.

3 Préparez la sauce oignon : dans un bol, mélangez 1 pot de fromage blanc avec 2 cuillerées à soupe de soupe à l'oignon déshydratée et placez au frais dans un ramequin.

4 Lavez tous les légumes. Épluchez et taillez les carottes et le demi-concombre en bâtonnets, équeutez les radis et présentez le tout avec ces trois sauces : sucrée, salée et piquante.

variante

Vous pouvez utiliser un fromage blanc allégé pour les préparations des sauces.

truc de cuisinier

La sauce réalisée avec le sachet de soupe à l'oignon doit être préparée au moins une demi-heure avant l'arrivée des invités, le temps qu'elle prenne au réfrigérateur.

Brochettes de poires à la fourme d'Ambert

coût peu élevé • facile à réaliser • préparation : 10 min • pour 4 personnes (12 brochettes)

12 piques à brochettes

1 poire
80 g de fourme d'Ambert
12 raisins
le jus d'1/2 citron

Lavez les raisins et coupez-les en 2. Taillez 12 cubes dans le fromage.

Épluchez la poire, tranchez-la finement et citronnez-la immédiatement pour éviter qu'elle ne noircisse.

Enfilez successivement sur vos brochettes 1 demi-raisin, 1 cube de fromage, 3 tranches de poire et terminez par 1 demi-raisin.

Tartelettes de poire au porto

coût peu élevé • facile à réaliser • préparation : 20 min • cuisson : 10 min • pour 4 personnes

1 casserole - 1 râpe
papier sulfurisé
1 rouleau à pâtisserie
1 cercle ou 1 verre
8 petits moules individuels

10 g de sucre
4 c. à s. de porto blanc
2 poires
1 rouleau de pâte brisée
100 g de mimolette
10 g de beurre

Épluchez et coupez les poires en dés. Dans une casserole, faites réduire à feu moyen le porto avec le sucre pour obtenir la consistance d'un sirop. Versez les morceaux de fruits et laissez doucement compoter. Les poires doivent être bien tendres et sirupeuses sans pour autant se défaire.

Préchauffez le four à 200 °C (th. 7). Déroulez la pâte, saupoudrez sa surface de mimolette râpée, couvrez d'une feuille de papier sulfurisé, puis passez fermement le rouleau à pâtisserie dessus de manière à ce que le fromage pénètre dans la pâte.

À l'aide d'un cercle ou d'un verre, réalisez des disques de la taille de vos moules. Abaissez la pâte dans les moules préalablement beurrés en la faisant bien adhérer. Piquez le fond avec une fourchette, garnissez de poires au porto, de quelques copeaux de mimolette et enfournez pour 10 minutes environ.

Brochettes de fruits au chocolat

coût peu élevé • facile à réaliser • préparation : 15 min • cuisson : 5 min • pour 4 personnes

1 assiette creuse
2 casseroles
1 grand bol

1 paquet de Mikado®
au chocolat noir

100 g de chocolat noir

1 banane - 1 kiwi

8 fraises - 8 framboises

8 morceaux de noix
de coco

1/2 mangue

1 barquette de myrtilles
ou de cassis

le jus d'1/2 citron

10 cl de crème liquide

10 g de beurre

1 cuil. à soupe de lait

1 Lavez les fruits et séchez-les.
Versez le jus de citron dans une assiette creuse.
Coupez les fraises, la banane, le kiwi et la mangue en cubes. Déposez l'ensemble dans le jus de citron pour éviter qu'ils noircissent.

2 Enfilez les fruits sur les Mikado® selon vos envies. Placez au frais.

3 Faites fondre le chocolat au bain-marie. Dans une autre casserole, portez à ébullition le lait et la crème. Versez cette préparation en une fois sur le chocolat et tournez énergiquement avec une cuillère. Le chocolat doit avoir une consistance assez liquide et bien brillante. Maintenez l'ensemble au bain-marie, feu éteint.

4 Au moment de servir, rallumez le feu en ajoutant à la dernière minute le beurre en morceaux. Servez immédiatement dans un bol assez large avec les Mikado® de fruits.

variante

Ajoutez à la dernière minute des amandes hachées à votre chocolat pour un peu de craquant et, pourquoi pas, 1 cuillerée à soupe de Grand Marnier.
Vous pouvez utiliser tous les fruits de que vous aimez : clémentines, pommes, fruits secs, etc.

truc de cuisinier

Réalisez des billes de fruits à l'aide d'une cuillère parisienne.
Vous pouvez réchauffer votre chocolat au micro-ondes en ajoutant un peu de crème.

Smoothies abricot

coût moyen • facile à réaliser • préparation : 5 min • pour 4 personnes

1 mixeur blender
4 verres ou verrines

8 beaux abricots
2 yaourts veloutés
le jus d'1 citron vert
2 cuil. à soupe de sucre
roux
10 cl de lait

Lavez les abricots et dénoyautez-les. Mixez leur chair avec le sucre et le jus de citron pour obtenir une purée lisse.

Ajoutez les yaourts, puis allongez la consistance selon votre convenance en versant progressivement du lait.

Goûtez, rectifiez la teneur en sucre si nécessaire et servez bien frais dans de jolis verres.

Granité framboises

coût peu élevé • facile à réaliser • préparation : 5 min • congélation : 4 h • pour 4 personnes

1 bac (long de préférence)
1 mixeur
1 passoire
4 verrines

500 g de framboises
25 g de sucre
petites feuilles de basilic
(facultatif)

Conservez quelques framboises entières pour la décoration et mixez le reste avec 4 cuillerées à soupe d'eau et le sucre pour obtenir un jus épais. Filtrez avec une passoire et versez le jus dans le bac. Placez au congélateur pour au moins 4 heures.

Au bout d'une petite heure, grattez très régulièrement la surface avec les dents d'une fourchette pour obtenir les cristaux pailletés.

Mettez vos verrines au congélateur 5 minutes pour qu'elles soient bien glacées. Au moment de servir, répartissez le granité dans les verres, décorez de framboises et éventuellement de feuilles de basilic.

Mousse au chocolat blanc

bon marché • facile à réaliser • préparation : 5 min • réfrigération : 2 h • pour 4 personnes

1 siphon
2 cartouches de gaz
1 casserole
1 économe

90 g de chocolat blanc
pâtissier
1 barre de chocolat noir
10 cl de crème liquide
4 Kinder Surprise®

1 Dans une casserole, faites fondre le chocolat blanc avec la crème liquide jusqu'à ce qu'il ne subsiste aucun morceau susceptible de boucher la tête du siphon.

2 Versez dans le siphon, insérez 2 cartouches de gaz, secouez énergiquement et placez au frais 2 heures.

3 Au moment de servir, secouez à nouveau le siphon, tête vers le bas, et versez la mousse dans les demi-coques des Kinder Surprise®.

4 Réalisez des copeaux de chocolat noir à l'aide d'un économe et parsemez-en les mousses.

variante

Vous pouvez utiliser du chocolat noir à la place du chocolat blanc ; dans ce cas, ajoutez 40 g de sucre.
Vous pouvez également servir cette mousse de chocolat blanc dans des cuillères apéritives, sur des fraises comme une chantilly ou sur des toasts réalisés dans des tranches épaisses de poire.

 truc de cuisinier

Afin de pouvoir les couper en deux plus facilement et éviter qu'ils ne fondent, placez à l'avance vos Kinder Surprise® au frais. Séparez ensuite les 2 coques, de préférence à l'aide d'un cutter.

Crumbles
pomme-mangue-amande

coût peu élevé • facile à réaliser • préparation : 20 min • cuisson : 25 min • pour 4 personnes

papier cuisson
1 saladier
1 économe
4 ramequins individuels

2 pommes
140 g de mangue
20 g de beurre
1/2 gousse de vanille
50 g de sucre

Pour la pâte à crumble :
100 g de farine
75 g de beurre
5 cuil. à soupe de sucre
de canne
50 g de poudre
d'amandes

1 Préchauffez le four à 180 °C (th. 6). Dans un saladier, mélangez la farine, le beurre ramolli, le sucre de canne et la poudre d'amandes. Travaillez ce mélange avec vos doigts et formez une boule. Placez au frais pendant 15 minutes.

2 Pendant ce temps, épluchez les fruits et coupez-les en quartiers. Placez-les dans une casserole avec le beurre, la demi-gousse de vanille grattée, le sucre, et faites cuire à feu doux pendant 10 minutes en tournant régulièrement avec une cuillère.

3 Chemisez la plaque du four avec du papier cuisson. Émiettez grossièrement la pâte dessus, de manière à obtenir des morceaux de tailles irrégulières. Enfournez pour 15 minutes environ jusqu'à ce que les morceaux soient dorés et croustillants.

4 Répartissez les fruits dans des ramequins individuels, saupoudrez de morceaux de pâte à crumble et servez tiède.

variante
Vous pouvez remplacer votre pâte à crumble maison par des biscuits sablés de votre choix, que vous émietterez grossièrement sur les fruits compotés.

 truc de cuisinier
Préparez à l'avance vos fruits compotés. Il vous suffira de remplir des moules à gratin individuels à la dernière minute, puis de les réchauffer au gril avec la pâte à crumble aux amandes.

Rosecake

coût moyen • facile à réaliser • préparation : 30 min • repos : 1 nuit + 3 h • congélation : 10 min • cuisson : 20 min • pour 4 personnes

1 moule à charnière à pâté en croûte de 30 cm de long (ou 2 petits moules à charnière individuels d'environ 10 cm de diamètre)

3 assiettes - 1 saladier

150 g de Shortbreads® ou biscuits sablés

50 g de confiture de roses

100 g de ricotta

100 g de Saint-Môret®

30 g de sucre semoule

30 g de beurre mou

1 c. à c. d'arôme alimentaire à la rose (facultatif)

1 œuf

Pour la décoration :

1 blanc d'œuf

pétales de roses comestibles

sucre cristal

fleurs cristallisées

1 La veille, rincez les pétales de roses à l'eau fraîche. Disposez du sucre cristal dans une assiette et le blanc d'œuf dans une autre. Trempez successivement chaque face des pétales dans le blanc d'œuf puis dans le sucre cristal. Déposez-les sur une assiette et laissez sécher à l'air libre toute la nuit.

2 Le jour même, écrasez finement les biscuits avec une fourchette et mélangez-les avec le beurre mou. Répartissez cette mixture au fond des moules sur 1 cm d'épaisseur, en tassant bien avec le dos d'une petite cuillère. Placez au congélateur 10 minutes.

3 Préchauffez le four à 150 °C (th. 5). Mélangez les fromages frais avec le sucre semoule et incorporez l'œuf. Mélangez jusqu'à ce qu'il soit complètement absorbé puis ajoutez délicatement la confiture de roses, sans trop mélanger. Versez dans les moules et enfournez pour 20 minutes. Le centre du gâteau doit être tremblotant. Laissez refroidir dans le four avec la porte ouverte.

4 Laissez reposer les gâteaux au minimum 3 heures en recouvrant la surface d'une fine couche de confiture avant de les démouler. Découpez-le en parts régulières et, au moment de servir, saupoudrez de cristaux de roses émiettés et de pétales de roses.

variante

Vous pouvez remplacer les roses par toutes les fleurs comestibles de votre choix et adapter la confiture en fonction.

 truc de cuisinier

Ce gâteau est bien meilleur le lendemain de sa confection.
Ne remplissez pas les moules jusqu'en haut, car le gâteau gonfle un peu à la cuisson.

Verrines crémeuses
à la noix de coco

coût peu élevé • facile à réaliser • préparation : 15 min • réfrigération : 1 h • pour 4 personnes

8 verrines
(ou 4 petits verres)

1 mixeur

2 bols

1 saladier

2 yaourts crémeux type Perle de Lait®

20 cl de lait de coco

5 cuil. à soupe de noix de coco râpée

35 g de sucre blanc

1 feuille de gélatine

60 g de mangue

1 Faites tremper la feuille de gélatine dans un bol d'eau froide pendant 5 minutes afin qu'elle ramollisse.

2 Dans un autre bol, faites tiédir la moitié du lait de coco au micro-ondes. Essorez la gélatine et plongez-la dans le lait de coco en mélangeant bien pour qu'elle fonde complètement. Ajoutez le reste du lait de coco et mélangez.

3 Dans un saladier, mélangez les yaourts, 4 cuillerées à soupe de noix de coco râpée, le lait de coco et le sucre. Versez dans des verres et placez au frais pendant 1 heure minimum.

4 Mixez la mangue de manière à obtenir un coulis bien lisse et placez-le au frais dans un verre. Au moment de servir, versez un peu de coulis sur vos desserts et saupoudrez de noix de coco râpée.

variante

Le coulis peut aussi être réalisé avec des fruits cuits dans un peu de sucre, comme de l'ananas par exemple. Si vous mettez 1 feuille de gélatine supplémentaire, vous obtiendrez une consistance qui ressemble à celle d'un flan.

truc de cuisinier

Utilisez du lait de coco vendu dans les boîtes de fer, plus épais, ou bien choisissez l'appellation « crème de coco ». Il existe dans le commerce des coulis de fruits délicieux : proposez différentes saveurs à vos invités.

Mini-cœurs coulants au Carambar®

coût peu élevé • facile à réaliser • préparation : 15 min • réfrigération : 1 h • cuisson : 7 min • pour 4 personnes (15 à 20 mini-cœurs coulants)

moules en papier allant au four de 5 cm de diamètre

moules à petits glaçons d'1 cm de diamètre

1 saladier

2 casseroles

1 fouet

95 g de chocolat noir à 70 % de cacao

75 g de beurre

25 g de crème liquide

15 g de farine

20 g de fécule de maïs

2 œufs

35 g de sucre

Pour les cœurs caramel :

60 g de crème liquide

10 bâtons de caramel

1 Faites fondre les bâtons de caramel dans une casserole avec la crème liquide. Versez cette préparation dans les moules à glaçons et placez au congélateur pendant 1 heure.

2 Dans une casserole, faites fondre à feux doux le chocolat, le beurre et la crème. Laissez tiédir.

3 Mélangez les œufs avec le sucre dans un saladier avant d'ajouter progressivement la farine et la fécule de maïs sans cesser de battre. Incorporez la préparation au chocolat à celle aux œufs et placez au réfrigérateur pendant 1 heure.

4 Préchauffez le four à 170 °C (th. 6). Remplissez les moules en papier de pâte jusqu'à mi-hauteur, placez un cœur caramel congelé au centre et couvrez à nouveau de pâte. Enfournez pour 7 minutes.

variante

Vous pouvez remplacer les bâtons de caramel par de la confiture, un coulis de fruits, de la crème de marron (préalablement congelée dans un bac à glaçons), un carré de chocolat blanc, etc.

 truc de cuisinier

Congelez à l'avance des cœurs de différents parfums afin de réaliser des moelleux au gré de vos envies.

Bouchées au citron

coût peu élevé • facile à réaliser • préparation : 10 min • cuisson : 25 min • pour 4 personnes

1 moule à gâteau
1 zesteur
1 presse-agrumes
1 saladier
cure-dents

2 citrons
1 yaourt nature
2 pots de farine
1 pot de sucre
1/2 pot d'huile d'arachide
1/2 sachet de levure
2 œufs
lemon curd

1 Préchauffez le four à 180 °C (th. 6). Huilez un moule pas trop haut et à revêtement antiadhésif. Zestez 1 citron et pressez le jus d'1 citron et demi.

2 Dans un grand saladier, versez le yaourt. Servez-vous de son pot pour mesurer et ajouter le reste des ingrédients en remuant bien chaque fois : farine, levure, sucre et huile. Incorporez ensuite le zeste et les œufs. Mélangez bien de manière à obtenir une préparation homogène.

3 Quand le four est chaud, versez le jus de citron dans votre pâte et mélangez délicatement : celle-ci va immédiatement prendre du volume. Versez-la dans le moule en laissant de la marge pour qu'il puisse gonfler à la cuisson. Enfournez pour 25 minutes environ.

4 Quand le gâteau est cuit, démoulez-le délicatement sur une planche à découper et tartinez-le de lemon curd. Réalisez ensuite des cubes réguliers et piquez-les de cure-dents. Servez les bouchées tièdes ou froides.

variante

Réalisez ce gâteau au yaourt sans citron et garnissez-le de la confiture de votre choix : lait, marron, poire, etc.

truc de cuisinier

Surveillez la cuisson en plantant la pointe d'un couteau dans la pâte au bout de 20 minutes. Il est cuit si la lame ressort sèche. Attention, trop cuit, il deviendrait sec. Si vous avez fait un gros gâteau, coupez-le en 2 dans son épaisseur pour réaliser plus facilement vos bouchées.

Sucettes de l'Épiphanie

coût peu élevé • facile à réaliser • préparation : 15 min • cuisson : 20 min • pour 4 personnes
(10 à 12 sucettes)

piques à brochettes en bois

1 pinceau

1 emporte-pièce (ou 1 verre) de 5 cm de diamètre environ

1 saladier

1 bol

2 rouleaux de pâte feuilletée bien froide

1 jaune d'oeuf

Pour la crème frangipane :

60 g de poudre d'amandes

50 g de sucre

60 g de beurre très mou

1 gros œuf (ou 2 petits)

1 c. à c. de rhum (facultatif)

1 c. à c. d'arôme d'amande amère (facultatif)

1 Préchauffez le four à 180 °C (th. 6). Réalisez la crème frangipane : dans un saladier, versez tous les ingrédients et mélangez-les soigneusement de manière à obtenir une crème d'amande lisse, homogène et épaisse.

2 Déroulez les 2 rouleaux de pâte feuilletée et découpez dedans 20 disques d'environ 5 à 6 cm de diamètre à l'aide d'un verre retourné ou d'un emporte-pièce. Sur le premier rouleau de pâte, déposez au centre de chaque disque 1 noix de crème frangipane en laissant un bord de 1/2 cm. Déposez alors une pique à brochette et recouvrez avec les disques natures du deuxième rouleau de pâte.

3 Soudez délicatement les bords en appuyant un peu avec votre pouce. Appuyez ensuite avec les dents d'une fourchette pour créer un joli motif net et vous assurer que la crème ne s'échappera pas de la galette lors de la cuisson.

4 Dans un bol, délayez le jaune d'œuf avec 1 cuillerée à café d'eau et, à l'aide du pinceau, badigeonnez la surface de chaque mini-galette. Réalisez ensuite des dessins sur la pâte à l'aide d'une pointe de couteau ou avec les dents d'une fourchette. Enfournez pour 20 minutes environ jusqu'à ce que les galettes soient bien dorées et gonflées.

variante

À l'aide d'un cutter, réalisez des couronnes dans les chutes de pâte feuilletée et collez-les au centre de chaque galette. Pensez à cacher une fève !

 truc de cuisinier

Pour gagner du temps, il existe des sachets de crème frangipane toute prête dans le commerce.

Cerises à la provençale

coût peu élevé • facile à réaliser • préparation : 5 min • cuisson : 30 min • pour 4 personnes

1 casserole
4 verrines

300 g de petites cerises
1/2 bouteille de rosé
de Provence
1 branche de romarin
130 g de sucre semoule

1 Lavez, séchez et dénoyautez les cerises.

2 Versez le vin rosé dans une casserole et portez à ébullition. Craquez une allumette pour le faire flamber afin qu'il perde son acidité.

3 Ajoutez ensuite la branche de romarin, le sucre et laissez réduire pendant 20 minutes.
Ajoutez les cerises et faites cuire 10 minutes supplémentaires.

4 Placez au réfrigérateur 2 heures et servez bien frais dans de jolies verrines.

variante
Vous pouvez remplacer le rosé par un vin rouge additionné d'épices (cannelle, par exemple) pour un apéritif plus hivernal.

truc de cuisinier
Utilisez des griottes surgelées dénoyautées.

Riz au lait rhum-raisins

coût peu élevé • facile à réaliser • préparation : 5 min • cuisson : 30 min • pour 4 personnes

1 bol
1 casserole
1 spatule
8 cuillères apéritives

70 g de riz blanc
de Camargue

35 cl de lait entier

30 g de raisins secs

3 cl de rhum

30 g de sucre

1 gousse de vanille

1 Dans un bol, faites chauffer le rhum au micro-ondes, versez-y les raisins secs et laissez-les macérer.

2 À l'aide d'un couteau, fendez la gousse de vanille en 2. Dans une casserole, versez le lait, le sucre et la gousse de vanille grattée. Portez à ébullition.

3 Versez le riz dans la casserole, baissez le feu et laissez cuire pendant 20 minutes en remuant régulièrement. Ajoutez les raisins et poursuivez la cuisson encore 10 minutes jusqu'à ce que la consistance du riz vous convienne. Ôtez la gousse de vanille.

4 Laissez tiédir et servez dans des cuillères apéritives.

variante
Remplacez la vanille par de la cardamome et les raisins secs par des cerises au kirsch en bocal.

 truc de cuisinier

Si vous préférez le riz au lait très moelleux, utilisez plutôt du riz rond. Vous pouvez faire macérer vos raisins la veille.

Esquimaux à la mûre

coût peu élevé • facile à réaliser • préparation : 10 min • congélation : 3 h • cuisson 7 min •
pour 4 personnes

4 bâtonnets à
esquimaux ou 4 mini-
cuillères

4 mini-moules en
porcelaine (facultatif)

1 casserole

1 saladier

4 petits-suisses natures

**150 g de mûres fraîches
ou surgelées**

4 cuil. à soupe de sucre

1 Dans une casserole, faites chauffer à feu doux les mûres avec le sucre et 1 cuillerée à soupe d'eau en les écrasant bien avec une fourchette. Laissez compoter 5 minutes environ puis laissez tiédir.

2 Sortez les petits-suisses de leur emballage et déposez leur contenu dans un saladier. Nettoyez les pots pour les récupérer si vous n'avez pas de moules en porcelaine.

3 Mélangez délicatement la compotée de fruits avec les petits-suisses, goûtez et rectifiez la teneur en sucre si nécessaire.
Versez le mélange dans les moules ou dans les pots des petits-suisses. Déposez un bâtonnet, ou à défaut une mini-cuillère, au centre en l'enfonçant le plus profondément possible. Placez au congélateur pour 3 heures.

4 Servez les esquimaux dans leur moule, il suffit que les invités les tiennent au creux de la main 2 minutes pour qu'ils se détachent facilement.

variante

Vous pouvez remplacer les mûres par tous les fruits que vous aimez.

truc de cuisinier

Si vous utilisez des fruits frais, vous pouvez sauter l'étape de cuisson. Mixez-les simplement avec le sucre et les fromages frais puis congelez.

Sucettes au chocolat noir

coût peu élevé • facile à réaliser • préparation : 10 min • pour 4 personnes (8 sucettes)

film alimentaire
1 spatule bien plate
1 petite assiette
1 casserole
1 cuillère à soupe

1 paquet de Mikado®

100 g de chocolat noir
de très bonne qualité

2 bâtonnets d'écorce
d'orange confite

Tendez du film alimentaire sur une petite assiette de manière à ce que le film ne touche pas le fond de l'assiette. Posez un Mikado® dessus.

Découpez les oranges confites en tranches très fines et faites fondre le chocolat au bain-marie. Prélevez, à l'aide d'une cuillère à soupe, du chocolat bien liquide et faites-le couler finement avec un mouvement circulaire autour et sur l'extrémité du Mikado® en agitant votre poignet bien au-dessus de l'assiette. Saupoudrez immédiatement d'écorces d'orange confite avant que le chocolat ne durcisse, et laissez prendre au frais pour aller plus vite.

Détachez ensuite la sucette en la décollant avec une spatule plate, la souplesse du film alimentaire vous aidera à ne pas casser la sucette. Répétez l'opération pour les autres sucettes.

Soupe créole glacée

coût peu élevé • facile à réaliser • préparation : 5 min • réfrigération : 1 h • pour 4 personnes

1 mixeur
1 presse-agrumes
4 verrines

140 g de mangue

5 cl de jus d'ananas

le jus d'1/2 citron vert

1/2 bouquet de
coriandre fraîche

Détaillez la mangue en morceaux. Prélevez-en 20 g, que vous découperez en très petits cubes. Effeuillez la coriandre et pressez le citron.

Mixez tous les ingrédients (sauf les 20 g de mini-cubes de mangue) dans le bol de votre mixeur et placez 1 heure au frais.

Au moment de servir, versez la soupe glacée dans des verrines en déposant de manière équitable quelques cubes de mangue dans chacune d'elles. Décorez avec quelques feuilles de coriandre et servez très frais.

Bouchées d'abricots amandine

coût peu élevé • facile à réaliser • préparation : 10 min • cuisson : 10 min • pour 4 personnes
(12 bouchées)

1 plat à four
1 poêle antiadhésive
1 saladier
12 moules en papier
(facultatif)
1 plat de présentation

6 gros abricots

30 g de beurre mou

30 g de sucre

30 g de poudre
d'amandes

30 g d'amandes effilées

1 cuil. à café d'arôme
d'amande amère

1 œuf

1 Lavez les abricots, coupez-les en 2, dénoyautez-les puis disposez-les sur un plat allant au four. Préchauffez le four à 200 °C (th. 7).

2 Dans une poêle bien chaude, faites blondir les amandes effilées pendant 1 minute puis réservez-les.

3 Dans un saladier, mélangez le beurre mou avec le sucre, la poudre d'amandes, les amandes effilées, l'arôme d'amande amère et l'œuf, de manière à obtenir une crème assez épaisse.

4 À l'aide d'une petite cuillère, farcissez les abricots de la crème d'amande et enfournez-les pendant 10 minutes. Servez tiède dans des moules en papier ou à même le plat de présentation.

variante
Cette recette est également délicieuse avec des nectarines ou des brugnons. L'été, vous pouvez simplement poser vos fruits sur le barbecue avec un tout petit peu de beurre et un filet de sirop d'érable.

truc de cuisinier
Creusez les abricots avec une cuillère parisienne de manière à les remplir plus généreusement, et gardez la chair pour vous faire un smoothie.

Index

Infos mesures

	Farine	Sucre	Liqueur	Fécule	Vin/eau
1 cuil. à café rase = 1 teaspoon (tsp)	5 g	6 g	0,5 cl un trait	5 g	0,5 cl
1 cuil. à soupe rase = 1 tablespoon (TBSP) - ½oz	15 g	20 g	1,5 cl	15 g	1,5 cl

Collection Toquades de First

Pour tous les toqués de cuisine !

Au bon pain
100 % machine à pain
Philippe Chavanne

Cakes salés et sucrés
Hélène Martel

Carrément plancha
et barbecue
Hélène Martel

C'est gratiné !
Frédéric Berqué

Cheeeese... cake
Julie Schwob

Cocottes minus !
Frédéric Berqué

Chic, du chocolat !
Paizy Mahagne

Complètement
tarte !
Caroline Wietzel

Croques,
tartines et bruschettas
Hélène Martel

Cuisine à bâbord
Frédéric Berqué

Cuisine à toute vapeur !
Thierry Roussillon

Cuisine bling bling
Marie-Claire Frédéric

Cupcake Academy
Jena Bartaban

Douceurs de Noël
Nicole Renaud

Du tout cru !
tartares et carpaccios
Nicole Renaud

Easy smoothies
Olivier Sovarzac

Effeuillez-moi !
Marie-Claire Frédéric

En deux coups
de cuillère !
Frédéric Berqué

Espumas,

Foie gras follies !
Nicole Renaud

Gratins !
Valéry Drouet

Histoire d'œufs
Nicole Renaud

Ir-riz-istible !
Riz et risottos
Christian Cino

Joyeuses verrines !
Nicole Renaud

La crème des
panna cotta
Thomas Feller

 La cuisine des p'tits chefs

 La ronde des macarons

 Légumes & tutti frutti

 Les cafés gourmands

 Les grands classiques revisités

 Les petits pots de bébé

 Le temps d'un éclair

 Madeleine, ma petite reine

 Mamma miam !

 Mange ta soupe !

 Mes lasagnes

 Mes p'tits biscuits

 Mes p'tites confitures

 Mille et une pâtes

 Mini-brochettes

 Mini-cocottes & Co

 Mini-vapeur

 Mini verres, maxi délices !

 Mon p'tit bistrot

 Oh mon gâteau !

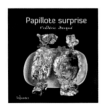 Papillote surprise

 Par ici les cocottes !

 Pâtes à tartiner maison

 Petites crèmes et tiramisus !

 Prenez-en de la graine !

Raconte-moi
des salades !
Caroline Wietzel

Recettes pour bébé
Marlène Walter

Slunch
Pascale Weeks

Soupes !
Nicole Renaud

Sublimes terrines
Nicole Renaud

Sur un air de cappuccino
Mélanie Martin

Sushi & sa chimie
Sushi Shop

Tatins renversantes
Thierry Roussillon

Tout fait maison
Nathalie Cahet

Tronche de cake
Marion Kemper

Ultra-fondant
Marie-Claire Frédéric

Un amour de dîner
Thomas Feller

Une cuillère
pour maman
Mireille Reveira

Un parfum de tajine
Thierry Roussillon

Verrines
Frisson garanti !
Frédéric Berqué

Verrines jolies, jolies
Florent Margaillan

Verrines qui friment
Thomas Feller

Whoopie pies
Gwen Rassemusse

Wok attitude
Thomas Feller

Wok'n roll
Chef Simon

Yakitori entre amis
Marie Chemorin

Yaourts tout doux
Caroline Wietzel